"Sigue caminando...

… que pronto sale el sol."

Cuerpo Y Alma Publishing
New York

Versos y Prosas
De Un Lunático Iluminado

"Versos y Prosas De Un Lunático Iluminado"
Copyright © 2014 por Gabriel Weiner Jáquez
Primera Edición – Cuerpo y Alma Publishing
Todos los derechos reservados.

Originalmente Publicado el 15 de Noviembre del 2014
ISBN: 0692306471
ISBN-13: 978-0692306475 (Cuerpo y Alma Publishing)
Imprimido en los Estados Unidos de América

VERSOS Y PROSAS DE UN LUNÁTICO ILUMINADO

Gabriel Weiner Jáquez

También Por Gabriel Weiner Jáquez

El Regalo: Aprecia Quien Eres De Nuevo

*Que cada verso y cada prosa
Te acerque más a ti*

Gracias

Dios, Mami, Daddy, Fabie, Benji, Aarón, Andrés, Mamá, Grandma, Alba, Sam, Martie, Allan, Amy, Beth, Sasha, Bobby, Chan, Reyna, El Jeep, Spankie, Spotty, Cookie, White Socks, Mecho, Clara, Chelo, Momín, María Del Carmen, Pili, Isa, Kathy, Gundo, Kiki, Charo, Tiguí, Juan, Chichí, Raque, Lía, Hendry, María, Eric, Jairo, Argenis, Wascar, Tella, Fifa, Tana, Chila, La Morena, Quisqueya, Papo, Carmela, Arelis, Ana, Javier, Dionys, Augusto, Julián, Carmen, Caraballo, Pinea, José Julio, Jimmy, Fifo, Adán, Ismael, Miguelito, Jorleny, Erica, El Profe, Junior, Rafael, Luis, Cuca, Karina, Julio, Idelza, José, Kenia, Giselle, Dayhana, Sr. Curiel, El Moro, Amanda, Edniza, Leo K, Ricky, Robi, Diego, El Calvo, Rafie, Michelle, Ambar, Susana, Samuel, Leonardo, Titi, Chin, Félix, Paola, Moisés, Linneth, Jonás, Ms. Randolph, Fritz, Oliver, Doña Nena, Dona, Steve, Lindsay, Johnny, Marino, Gladys, Alejandro, Sonia, La Tote, Teresa, Freddy, Karen, Carrie, Phil F, Prof. Lipton, Milton, Kathy, Ryan, Laura, Mark B, Samara, Kyle, Rachael, David, Tiffany, Rachel, Stephen, LaNette, Nieves, Ro, Jenna, Holly S, Tim, Liz, Lauren, Adam L, Otis, Chris C, Dale, Deepak, James P, Danny, Marc, Mark, David, Seth, Breck, David J, Michael M, Jeannie, John, Brian, Dante, Irine, Phil, Ralph Waldo, Noah, Adam K, Eckhart, Adyashanti, Nisargadatta, Larry, Scott, Mike, Mokshananda, Aiden, Julia, Kim M, Jesús, Siddhartha, Sue, Tom, Henry, Gunther, Joey, Jean Carlos, Jeremy, Jackson, Yanybel, Luis Angel, Manito, Byron K, Jeffrey, Anabel, Oscar, Pedro, Elizabeth, Joey, Grant, Mia, Betsy, Cruise, Josh, David H, Ramana, Gangaji, UG, Kean, Cathy, Cecilia, Ben, Carlos, Vicky, Jenny, Marcelo, Rossanna, Leilany, Natalie, John S, Euny, Edilene, Mita, Pat, Benjamin S, Charlie, Matt, Jon, Craig, Florian, Catherine, Loch, Rick, Leonard, Stephan, Oswaldo, Holly, Boaz, Mor, Benny, Max, Jeff, Mike Q, Inelia, Timothy, Carole, Sara, Ash, Sandro, Ashley, Allan, Esther, Américo, Bella, Akhil, Bri, Matt, Michael, Natali, Sydney, Jeffrey, Troy, Israel, Dariusz, Rupaul, Víctor, Mia C, Sabrina, Kaitlyn, Stephanie, Allayah, Olivia, Corinne, Cass, Heather, Ana, Arianna, Ryan, Nina, Agnieszka, Wioleta, Dorota, Richard C, Robert, Mukti, Cheri, Dave, Bob, Carole S, Jen, Justin, Chris, Jen Y, James P, Ana J, Daniel S, Leonardo G, Megan, Yohanna, Ole, Domingo, Greilyn…

Contenido

Oración.. 14
Introducción... 15

I. Luna Nueva: Purificación

Afuera... 19
Enloquecedores.. 20
Club de Payasos.. 21
Déjame Adivinar.. 22
El Mayor Insulto.. 23
Absolutamente NO.. 25
Sociedad... 27
Columpio.. 28
Problemas... 29
Filósofo Fastidiado... 30
Muerte Dulce E Inminente... 32
En Proceso.. 33
Despierta o Revienta... 35
La Sopa En La Que Hervimos... 36
Virus Maníaco De La Iluminación.................................... 37
La Canción Del Yo En Rabieta Mayor.............................. 38
Empuje.. 39
Rocanrolero Inseguro.. 40
Sin Título.. 41
Oda Al Odio... 42
Sin Título.. 44
Confesión Desnuda De Un Yo...45
Náusea Egocéntrica... 47
Energía Pesada... 48
Aligérate... 50

II. Cuarto Creciente: Desprendimiento

Mi Mundo Pequeño... 53

Sin Título	54
Sin Piso	55
Identidad	56
Vislumbre	57
La Gran Muerte	58
Muerte Sin Muerte	60
Sin Identidad	61
Terminado	62
Nunca He Nacido	63
Sin Título	66
Sin Yo, Sin Materia	67
Sin Dudas	68
Readmisión #5,000	69
Memoria En Mi Mente Dios	70
Alzhéimer	71
Formas	72
Sin Tribu	73

III. Cuarto Menguante: Alquimia

Idiota Feliz Confundido	77
Confesión Suave y Clara	78
La Que Se Le Escapó Al Idiota	79
Escombros De Un Sueño Dañado	80
Todo Excepto Yo	81
Tributo A Mi Profesor	82
Sin Poderes	83
Gemido Bebé	84
Mi Antigua y Moderna Diosa	85
Poder	87
Enfrentado Demonios Internos	89
A Diario Me Muero	90
Amor Real	91
Permite	92
Sin Ti	93
EPD	94
Cómo	95

Sin Título.. 96
Qué Bueno Es.. 97
Última De Mis Oraciones.. 99
Sin Temor... 100
Vuela Niño Hermoso.. 102
Danza Del Fin... 104
Extinción... 105
Daddy.. 106

IV. Luna Llena: Integración

Cálido... 109
Chacras Abiertas... 110
Mujer Real... 111
Verdadero Poder.. 112
Oración de Estabilidad... 114
Mi Suficiente... 115
Paciencia... 116
Me Basta.. 118
Abundancia Natural... 120
¿Quién sería sin Mí?... 122
Todo Ha Vuelto A Mí.. 124
Soy.. 125
El Regalo Viene.. 126
Claridad... 128
Encarnado... 129

V. Amanecer: Nirvana

El Regalo Que Me Doy.. 133
La Luz De Adentro... 134
El Llamado Más Profundo....................................... 135
4,3,2,1... 136
Nirvanadora.. 137
Se Fue Y Llegó.. 138

Oración

✺

Que nunca se me olvide que una vez fui un joven confundido.
Que nunca más busque un aplauso con desesperación.
Que nunca más compita o me compare con nadie.
Que nunca más se cierren mis oídos o mi corazón.
Que nunca más juzgue a nadie (incluyéndome a mí mismo) por ningún motivo.
Que nunca más le dé más importancia a cualquier cosa que no sea el momento presente.
Que nunca más evada la realidad aunque duela.
Que nunca más me domine el odio o el miedo.
Que nunca más busque o me crea ser perfecto.
Que nunca más imponga expectativas imponentes en nadie, ni siquiera en mí.
Que nunca más juegue a ser la víctima.
Que la compasión siempre sea número uno en mi vida.
Que si una, varias o ninguna de las líneas de esta oración se da como quiero, que no se me pierda la paciencia o la fe.

Amén.

Introducción

☾

Siempre he sido lunático. Y tiene lógica. Después de todo, mi cuerpo es más agua salada que otra cosa; y así como la luna afecta a la marea del mar, también afecta a la marea de mi ser. Al igual que los océanos – a veces estoy revuelto y a veces estoy calmado. Todo depende de los ciclos dictados por la luna y mi ubicación en el planeta. Y bueno, al hecho de que puedo observar y entender esto con claridad, le he llamado iluminación. En otras palabras, si los procesos de mis altas, medias y bajas no están sucediendo en la oscuridad total, alguna parte de mi consciencia debe de estar iluminada.

Ahora bien, para llegar a publicar los poemas compartidos en este libro, no me bastó definir la iluminación tan solo de esta forma. Para cultivar el valor para llegar a poder compartir los poemas tan íntimamente personales que conforman a este libro, tuve que indagar un poquito más allá de la superficie. Tuve que irme a una parte mucho más profunda en mi ser y tuve que incluirla en quien soy y en cómo defino a la iluminación y en cómo me defino a mí mismo.

A través de los años, comencé a descubrir que la iluminación no es tan solo ver y estar consciente de las fluctuaciones de la superficie de mis emociones y comportamientos; más que eso, tuve que aprender que la iluminación también es hacerme consciente de la naturaleza de la profundidad de mi verdadero ser – un lugar donde siempre hay constancia, serenidad y paz eterna.

Y bueno, repito, si no hubiese llegado a descubrir esta parte de mi ser, la verdad no creo que hubiese podido publicar este libro. Cuando lo comiences a leer, verás porque lo digo.

Si me lo permites, te recomiendo que la primera vez que leas esta colección de poemas, los leas en orden de principio a fin. Así tendrás un mejor esquema lineal del viaje espiritual que este libro representa.

Cada poema en este libro está basado y es producto de un poderoso despertar espiritual que tuve en el verano del 2007. Un despertar que logró el milagro de ir descongelando el iceberg enorme que había en el corazón del joven rebelde y terco del cual una vez fui esclavo (estoy hablando de mí mismo, en caso de que no haya quedado claro.) Y bueno, como verás, el proceso de liberación no fue nada fácil pero definitivamente valió la pena.

Espero que disfrutes.

Namasté,

Gabriel

Luna Nueva: Purificación

Afuera

Alrededor de tales idiotas patéticos
Me hacen sentir tan rojo
Están tan congelados
Como muñecos

No hay fervor ni vida alguna
En su mundo artificial
Es tan mil novecientos cincuenta
Lo odio

Me desahucio de tal estiércol
Lo repudio
Ya no me fraterniza
Estoy afuera

Enloquecedores

Incapaces de practicar
Tan capaces de predicar
Visten su ignorancia
En trajes de sabiduría sin ilación

Visten su dolor
En trajes de fuerza artificial
Les encanta gritar

Son los que toman Tylenol
Pero te lo ocultan al máximo

Su edad y sus cosas
Inflan sus cabezas huecas
Y cuando tienen un trabajo y un plan
Son peores todavía

Su plato de preferencia
Son las debilidades del otro
Pero ocultan este hecho
Detrás de un antifaz de amor simulado

Ten algo de dignidad
No es demasiado tarde
Voltea tus ojos
Detente

Sé exactamente quien quieres que yo sea
Y muéstrame cómo hacerlo

Club de Payasos

Hay un carnet
Que probablemente tengas
Y ni lo sepas

Si te lanzas a defender a cobardes
Eres un miembro
Tienes miedo

No se vale ser un imbécil
Y no se vale ser un idiota
Lo digo yo

Y si no te gusta mi mensaje
Vete a la mierda
Porque eres un idiota
Un imbécil
Un cabrón

Yo no soy miembro de tu club
Y si tengo que romperte a ti
Y romperme a mí mismo para nunca serlo
Lo hago

Deja tu mierda
Idiota patético
Crece
Estás destruyendo al planeta
Así como yo

Déjame Adivinar

Crees que eres el único
Imbécil egocéntrico
Eres tan patéticamente predecible
Me causas dolor de estómago

Estoy tan aburrido de tu mierda
No sabes lo que es el amor incondicional
El universo gira alrededor de ti
Me enfermas

Estás despistado
Estás envenenando al mundo
Convirtiéndolo todo en tu mierda mezquina

Estoy tan harto y hastiado de ti
Me salgo de tu pura mierda
Te encuentro asqueroso

Si estás leyéndome
Estoy hablando CONTIGO
No con nadie más

Llora y quéjate
Siente las salpicaduras del agua bendita
Pues eres un demonio
Un monstruo
Desaparécete de la existencia
Pedazo de mierda destructivo

El Mayor Insulto

No me etiquetes
Pues es un insulto del mayor orden
No sólo hacia mí
Pero también hacia ti
Y es que no puedo ser lo que tú crees que soy
Lo que crees es demasiado limitado para ser cierto

No soy un poeta
No soy un artista
No soy un hijo
No soy un hermano
Soy más allá de todo
No soy arrogante
No soy un egomaniático

Yo, mi amado, sencillamente soy
Así como tú

Así que no te insultes más
Y deja de ponerme en tus cajitas
La cajas son para cosas
Y yo no soy una cosa
Ni tú tampoco

No somos buenos
No somos malos
Simplemente somos

Más allá de palabras, más allá de cualquier símbolo

Más allá de la idea de más allá

Renuncia el juego de asesinar
Es lo que haces cuando finges saber
Pues lo único que sabes es nada
Y ni siquiera eso lo sabes

Los chances de que esto tenga sentido para una
mente congelada
Son cero
Pero si sientes más allá de lo que sabes
Estarás tranquilo
Y llegarás a saber

Absolutamente NO

Me rehúso a jugar tus juegos
Le digo absolutamente no al infierno
No tengo interés en nadar en tus aguas
contaminadas
El drama es lo que más me aburre

No voy a bailar más contigo
No voy a escuchar tus disparates
No voy a jugar ni una puta vez más

¡NO! ¡Absolutamente NO!
No soy parte de la máquina
No voy a destruir contigo
No estoy interesado en lo más mínimo

¡NO más!
¡Vete a la mierda!
Lárgate
Despréndeteme

Eres lo más aburrido que hay
Eres un hoyo negro
Eres un monstruo

Sólo discutes
Sólo peleas
Sólo creas conflicto
Sólo causas dolor
Sólo hieres

NO MÁS
¡ABSOLUTAMENTE NO!

Vives el miedo
Yo vivo el amor
Vives la ilusión
Yo vivo la realidad
Vives el drama
Yo vivo la sencillez
Vives la mente
Yo vivo la Mente

¡Absoluta y positivamente NO!
¡NO! ¡NO! ¡NO!
¡Ya NO voy a jugar más!
¡Ya NO me importa!

¡Estoy fuera!
¡Estoy listo!
¡Ya no te quiero más!
¡Vete a la mierda!
¡Absolutamente NO!
¡No jugaré tus juegos!
¡NUNCA MÁS!
¡NUNCA!

Sociedad

Conserva tus opiniones
Pues ya no las necesito
Tus cumplidos
Tus críticas
Me importan un bledo

Camino solo
Soy libre
Soy todo lo que necesito
Deberías tratarlo
Es tan verdaderamente dulce

Ya no eres mi espejo
Ya no eres mi estrella
Ya no eres mi sol
Sólo eres un cigarro fumado

Piensa lo que quieras
Quéjate cuanto plazcas
Di lo que piensas
Grita todo lo que necesites gritar

Adiós
Hasta nunca
Sé quién soy
Suerte

Sólo quiero lo mejor para ti

Columpio

Arriba, abajo, arriba, abajo
Izquierda, derecha, izquierda, derecha
Bueno, malo, bueno, malo

La oscilación de este péndulo
Me está mareando
Se siente como un videojuego chiflado

Tengo que abandonar mi deseo
De sostenme de uno de los dos extremos

Me está enloqueciendo
Es tan agotador
Es lo más fastidioso que puede haber

Pero las oscilaciones continúan
Es tan bipolar
Necesito un recordatorio de que todo está bien
Sin importar la ubicación del péndulo

Estoy cansado
Exhausto
Tired

¡No hay nada que pueda hacer!

Problemas

Sentimentales o no
Ya no veo
Importancia en tus problemas
Los míos están todavía más cerca
Y no los veo como reales

Los cuentos ya no me compran
Gracias a la gracia
Estoy casi exclusivamente en el aquí y ahora

No te escucho
Y ni te das cuenta
Porque ni siquiera me notas

Y está bien
Pues yo tampoco te noto
Iré más lejos
Ni te notas a ti mismo

Todo debe de ser porque
Tú estás allá
Y yo estoy aquí
Absolutamente aquí

Filósofo Fastidiado

No le temo a la muerte
Pues no le temo a las cosas que no existen
Son las cosas que parecen existir
Las que tienen el poder de confundirme y darme miedo

¿De qué se trata toda esta inmadurez masiva?
¿Hay una respuesta?
Nada que pueda saber, estoy seguro
¿Por qué mi papá está jugando barajas en su computadora todo el día?
¿Por qué me afecta y me molesta tanto?

¿De qué se trata esta evasión del dolor?
Es tan infantil, tan absurdo, tan ridículo
¿Por qué el mundo está en esta mentalidad adolescente?
¿Por qué me importa tan profundamente todo esto?
¿Por qué me afecta tanto?
¿Por qué a ti no te afecta tanto como me afecta a mí?

¿Por qué yo puedo acceder mis sentimientos y tomar responsabilidad por ellos?
¿Por qué tú no puedes?
¿A qué rayos le temes tanto?
¿Cuál es tu problema?
¿Cuándo vas a crecer?

¿Por qué me importa tanto?
¿Por qué a ti no?

¿Qué es lo que quieres que no sea madurez, sabiduría y pureza?
¿Qué puede ser más importante y llamativo para ti?

Muerte Dulce E Inminente

Empujar, lo haré
Tanto cuanto necesite
Presionar tan duro como pueda
Estrellar a toda velocidad
Romper
Colapsar
Disolver

Me voy a empujar
Hasta que haya acabado con todo de mí
Es lo que soy
Y si debo gritar, lo haré
Al precio de mi garganta
Me voy a despertar
Y moriré

En Proceso

Se llaman cuerdos
Porque son aburridos
Siempre hablan de lo mismo

Se llaman sanos
Porque suprimen sus reflejos
Y cuando explotan
Es porque estamos locos

¿Acaso el crear es loco?
Es cierto
La creación es caos organizado
Y para ordenar el caos hay que salir de lo tradicional

¿Pero quién está loco?
¿El que se desensibiliza a los estímulos reales?
¿O el que vive respondiendo a las sutilezas de la realidad?

¿Quién es loco?
¿El que sufre por la injusticia real?
¿O el que se ciega para sobrevivir?

¿Qué es más loco?
¿Poder ver?
¿O cegarse?

Locos estaremos todos

Los ciegos y los videntes
Pero prefiero ver y ser loco
Que ser ciego y creer que estoy sano

Despierta o Revienta

El impulso irracional hacia la iluminación
No te da opción
Contesta el dilema del libre albedrío
Con este impulso verdadero y auténtico
Te das cuenta de que no tienes poder de elección
Más que despertar
Y autorrealizarte por completo
No te va a soltar
Hasta que suceda
Nunca
Cuando es tiempo, es tiempo

No es una opción para aquellos que están listos
Para aquellos que están enganchados

Despierta o revienta

La Sopa En La Que Hervimos

Me siento tan aburrido
Estoy tan cansado
Estoy tan solo
La vida no es justa
Detesto vivir
La vida no sirve
Estoy tan confundido
No sé lo que quiero
No sé quién soy
Estoy deprimido
Me siento horrible
Nunca voy a llegar a nada
No sirvo para nada
Nadie me ama
Soy un perdedor
Soy despreciable
Quiero que hoy se acabe ya
No me gusta esto
No quiero esto
Esto no es lo que debe de ser
Me siento terrible
No me siento bien
No entiendo
No tengo amigos
No tengo vida
Soy un fracaso total
Soy el perdedor más grande
Me quiero morir

Virus Maníaco De La Iluminación

Hay un virus adentro de mí
Destrozándome por completo
Me está destruyendo
Y no puedo hacer nada al respecto
Hasta ya ni puedo escribir más

Termina tu causa
Estoy cansado maldita sea, no aguanto más
Ya basta de tanto buscarme
Estoy hasta el tope
Por favor déjame en paz
Por favor
No puedo más
¿O todavía me queda?

Sólo aquellos con este impulso en sus venas saben
de lo que hablo

La Canción Del Yo En Rabieta Mayor

No me voy a rendir
Nunca
Soy real
Continuaré, pelearé, lucharé, forzaré y empujaré
Para siempre
Lo voy a lograr hasta el fin
Lo voy a lograr
Voy a entender
Voy a llegar al cielo
Voy a lograr la paz
Soy totalmente real
Soy lo único que es real
Estoy a cargo
Yo sé cómo hacer esto
Sin mí, nada existiría
Soy el centro del universo
Soy todo lo que existe
Yo sé
Voy a ganar
Voy a seguir
Voy a forjar a través de
Voy a romper

Empuje

Voy a gritar hasta que no pueda gritar más
Voy a escribir hasta que esté completamente vacío
Voy a llorar hasta que no queden más lágrimas
Voy a reírme hasta que quede sin vida
Voy a bailar hasta que no me queden pies
Voy a cantar hasta que la voz se me acabe
No me voy a rendir
No me voy a entregar
Voy a ganar la batalla imposible
Voy a romper las puertas del cielo
Y entraré como un maniático
Como un psicópata
Como un esquizofrénico
Como un loco

Se reirán de mí, se burlarán
Pero forjaré a través de todo
Nada ni nadie me puede detener
Nunca
Nunca, jamás
Continuaré esta locura en pie
Hasta que se apaguen las luces

Rocanrolero Inseguro

Te quiero causar envidia y demostrarte que yo lo tengo y tú no
Quiero que quieras ser como yo, pero que no puedas, porque es imposible
Quiero que luches por lo que yo he luchado y que busques lo que yo he buscado
No quiero que lo encuentres, pues si lo haces, no serás de ninguna utilidad para mí

Quiero que me admires, me respetes y me ames
Quiero que me pongas en el trono más alto
Quiero ser tu héroe, tu rey, tu dios, tu gurú, tu maestro

Quiero estar en la cima y quiero que estés en lo más bajo
Por eso es que escribo todos estos disparates que siempre escribo
Por esto es que siempre vivo hablando de todo lo que sé

Quiero que pienses que soy lo mejor
Quiero que quieras ser como yo
Necesito fans, necesito ser necesitado
Por eso comparto estas cosas contigo

Todo se trata de mí

Sin Título

Ven, dime como todo lo que tengo te lo debo a ti
Que fui puesto en esta tierra para hacerte orgulloso
Ven y rompe mi corazón y pisotéalo una vez más
Dime qué hacer, dime quién ser
Dime lo que tengo que decir, dime cuando respirar

Mátame
Písame
Hazme tuyo
Sé un hombre y dime lo que quieres decir
Dime cuanto me odias por no ser como tú

Descárgalo todo en mí
Cúlpame, escúpeme, pisotéame
Y tú también
Dime como te debo la vida
Echen toda la culpa, la culpabilidad y la vergüenza adentro y encima de mí
Díganme lo inútil y egoísta que soy
Denme toda la culpa
Recuérdenme que soy un demonio, un diablo, un pedazo de mierda
Díganme que soy igualito a sus madres

Ustedes dos son demasiado sabios
Todo lo que tocan se convierte en oro
Yo debería de aspirar a ser exactamente como ustedes dos
Dos puros iluminados

Oda Al Odio

No hay nada que pueda hacer para detener a la iluminación
Es demasiado tarde
He estado destinado a la autorrealización
Desde el día que nací

No hay nada que pueda hacer para ver el mundo a través de un filtro distorsionado
No hay nada que pueda hacer para huir de mí mismo más
Esto es completamente inevitable
El impacto sucederá
Y se acabará todo
Será como un sueño que se terminó
Será libre de drama
Será ordinario
Será sublime
Será insignificante

Esto es tan estúpido
Odio tener padres locos
Odio tener hermanos locos
Odio tener a una hermana loca
Odio estar loco sabiendo que estoy loco
Odio odiar y saber que todo es odio propio

Odio ser inteligente
Odio ser apuesto
Odio estar despierto

Odio la vida
Odio al mundo
Odio la existencia
Odio todo

Esto es tan estúpido e inútil
Estoy rodeado de tantos idiotas
Estoy rodeado de tantos imbéciles
Odio estar tan claro

Odio lo que veo y lo que vivo y no lo quiero
aceptar
El mundo apesta
Odio la vida
Odio este lugar
Odio esto

Sin Título

Dame tan duro que no pueda resistirlo
Dispárame
Mátame
Estoy listo
Lo juro

Quiero que me des, que me des duro
Muérdeme, no tengas piedad
Destrúyeme
Cómeme

Estoy listo
Ven, entra
Y destrúyeme

Confesión Desnuda De Un Yo

Quiero ser famoso
Quiero estar dormido y estar despierto
Lo quiero todo
Quiero salirme con la mía en cada disparate que haga

Quiero el sueño y quiero la Verdad
Quiero estar en la mejor forma
Quiero sentirme bien
No quiero dolor ni sufrimiento

Sólo quiero placer
Sólo quiero buenos tiempos y buenos momentos
No quiero nada malo
Quiero seguir juzgando, acusando, apuntando culpables y evadiendo responsabilidad completa
Quiero el sueño más de lo que quiero la Verdad

Quiero inventar excusas
Quiero tener razones por las cuales gimotear y quejarme
Quiero seguir creyendo que soy real
Pero no lo soy

Quiero mantenerme bajo control, quiero control, quiero poder
No quiero la Verdad, pero si la quiero
Pero no me quiero rendir
No quiero entregarme

Quiero adueñarme de la vida
Quiero salirme con la mía siempre
No quiero despertar por completo
Así me siento, esto es lo que quiero

No quiero ser Eso
Quiero ser cualquier disparate que me invente
Me estoy mintiendo a mí mismo fingiendo ser
honesto y dedicado
No lo soy

Soy un
Al carajo con esto

Náusea Egocéntrica

Los vómitos quieren desbordarse
Cuando pienso en como
Hay un no idiota
A lo que es

No tengo ni la menor idea del origen de estos problemas
Estoy bastante desconectado
Pero la náusea me trae a casa
Obligándome a salirme del ego

Gracias a Dios por la náusea
Gracias a Dios por los vómitos
Gracias a Dios por la incomodidad
Gracias a Dios por el sufrimiento
Gracias a Dios por el wao

Es increíble como el cuerpo
Simplemente sabe
Si está aquí o no
Cuando está aquí, está aquí
Y no allá y con náuseas

Energía Pesada

Aguafiestas
Distorsionadora de la vida
Aplacadora de la Verdad
Destructora de la claridad y creatividad

Promotora de la mentira
Fastidiadora de la mente
Cerradora del corazón
Amante del miedo

Buscadora de la muerte
Seguidora del dolor
Incubadora del daño
Cínica, preguntadora, incrédula, buscadora, insaciable
Obsesiva, compulsiva, inventadora de cuentos trágicos

Energía pesada
Absorbe vida
Provocadora haragana
Amante de la depresión, las enfermedades y los pleitos

Olvidadora de la verdad
Olvidadora del juego
Olvidadora del chiste
Combustible masivo para el ego
Pesada, pesada, seria, seria, pesada sustancia

Pesimista
Nihilista
Creyente en lo catastrófico y la fatalidad
Pesada, pesada energía
Mírala, suéltala, déjala

Aligérate

Todo es un maldito acto
Supérenlo gente
No es real
No es en serio
No va a ningún lugar
No es importante

Es tan solo un maldito acto
Un juego
Una obra de teatro
Un show
Ninguna parte es real
Es tan sólo una apariencia

No es relevante
No es en serio
Es más como un chiste
Disfruta
Ríete

Cuarto Creciente: Desprendimiento

Mi Mundo Pequeño

Mi mundo pequeño
Ha sido delicioso
Me he salido con la mía más de lo que he pensado posible
He engañado a todo el mundo
Incluyéndome a mí mismo
He bailado encima de un balón
Y me he sentido bien seguro

Mi mundo pequeño
Está colapsando contra la realidad
Mi mundo pequeño
Se desvanece

Mi mundo pequeño era dulce
Pero ahora es tiempo de ser
Y decirle adiós
A mi mundo pequeño

Sin Título

Nada se pega ya
Todo ha sido aspirado hacia la nada

No puedo ni escribir este poema
Se ha ido todo

Sin Piso

El piso debajo de mis pies ha sido perforado
No hay nada aquí
Sólo espacio infinito y eterno

Estoy totalmente despierto
Y no es la gran cosa
Es tan ordinario
No significa absolutamente nada

Identidad

No es que pierdes tu identidad
Es que te das cuenta de que no hay identidad
Te das cuenta de que no hay verdad más que YO SOY

El contenido es el sueño
La obra teatral, la cosa

No hay identidad
No hay yo
No hay nada más que YO SOY

Vislumbre

El cielo sigue saboreándose a sí mismo
No tiene nada que ver conmigo
Es tan hermoso
Tan sublime
No hay yo en el
Sólo hay vida

Que al revés
Que increíblemente al revés
Reclámate cielo, adelante
Estoy fuera del camino
Estoy listo

La Gran Muerte

No necesito nada
No necesito a nadie
Estoy completo

Esto es simple
Esto es fácil
Esto está hecho

Si lo quieres
Ven búscalo
Si no
Te lo pierdes

Estoy solo
Estoy libre
Estoy completo

Esto es simple
Esto es tonto
Este es el fin
Esta es la gran muerte

Soy audaz
Soy inofensivo
Soy gentil
Soy fuerte

Soy nada
Soy todo

Soy puro
Soy amor

Muerte Sin Muerte

Hacia la ausencia de la ausencia me iré
Nada será echado de menos
Pues nada se habrá perdido
Puro, sin distorsiones y abierto estará este cuerpo
Que ha cargado cruces por demasiado tiempo

Impávido del miedo viviré
Contra roca, palo y piedra me estrellaré
Como una ola que se rompe pero permanece intacta
Efervesceré

Si mi arte es mierda
Qué es la tuya
Cuando lo único que haces es jugar juegos
Y ocultarte de tus heridas más profundas

Después de la muerte y sólo después de la muerte
La vida puede iniciar
Así que déjame morir
Para así poder vivir

Sin Identidad

El yo en el que puedo pensar no es real
No hay un yo
No hay nada
Siempre es demasiado tarde
No hay un yo

Terminado

El no persistente
Le dice no al si
El sí permanente
Le dice si al no

No hay diferencia
No importa
Solo estoy
Es un simple hecho

¿Qué importa el color?
¿Qué importan los carros?
¿Qué importa la gente?
¿Qué importan las estrellas?

Mis deseos superficiales
No pueden satisfacerme
No hay respuestas a preguntas
Todo es en vano

Las excusas tontas
No detienen a este impulso
De ligarme y estrellar
Contra una ilusión sólida

Se acabó
Ha terminado
Es tonto y no tiene caso
Tan siquiera escribir

Nunca He Nacido

Sé que me encantan los disparates espirituales
Sé que me encanta corregir mis errores
Sé que vivo totalmente en delirio y en locura
Pero más importante que todo esto, sé que nunca he nacido

Sé que me estoy escondiendo en una neblina trascendente
Sé que se me hace difícil regresar aquí
Sé que estoy perdido, confundido y ridiculizado
Pero más importante aún es que sé que nunca he nacido

Sé que este es uno más de mis estúpidos poemas
Sé que no puedo dejar de escuchar la basura espiritual
Sé que me estoy escondiendo y huyéndole a todo
Pero más importante que todo esto, sé que nunca he nacido

Sé que lucho por ser la mejor persona que pueda ser
Sé que persigo muchas tonterías
Sé que tengo preferencias que no cambian nada en el final
Pero más importante que todo esto, sé que nunca he nacido

Sé que la gente piensa muchas cosas sobre mí

Sé que yo pienso muchas cosas sobre mí
Sé que los pensamientos me molestan cuando creo en ellos
Pero más importante que todo esto, sé que nunca he nacido

Sé que puedo ser percibido como un lunático loco
Sé que estoy desconectado y que no estoy aquí
Sé que estoy completamente dormido en el volante
Pero más importante que todo esto, sé que nunca he nacido

Sé que no sé nada
Sé que no tengo ni idea de cómo me siento
Sé que estoy extremadamente en otro lugar
Pero más importante que todo esto, sé que nunca que nacido

Sé que no sé si algún día regresaré
Sé que no sé si algún día ya no estaré loco
Sé que no sé si siempre seré un payaso
Pero más importante que todo esto, sé que nunca he nacido

Sé que soy egoísta
Sé que soy yo quien se enferma a sí mismo
Sé que odio el delirio y la ilusión
Pero más importante que todo esto, sé que nunca he nacido

Sé que soy una bola de miedo

Sé que soy irritante
Sé que no sé de lo que hablo
Pero más importante que todo esto, sé que nunca
he nacido

Sé que nunca sabré
Sé que me siento terrible
Sé que no estoy tratando de resolver nada ya
Pero más importante que todo esto, sé que nunca
he nacido

Sé que no creo nada
Sé que nunca quiero creer nada
Sé que estoy cansado
Pero más importante que todo esto, sé que nunca
he nacido

Sé que tengo terror de nunca volver a ser Gabriel
de nuevo
Sé que ya no soy Gabriel
Sé que nunca seré Gabriel de nuevo
¡Pero más importante que todo esto, sé que nunca
he nacido!

Sin Título

Estoy en el cielo. Por fin me he dado cuenta.
Soy el alfa y el omega.
Por fin, lo he visto todo.
No hay marcha atrás.

Sin Yo, Sin Materia

No tengo un yo
No tengo ojos
No tengo boca
No tengo cuerpo
No tengo pensamientos
No tengo sentimientos
¿Ya fui nirvanizado?
No sé
Pero puedo ver claramente
Que soy nada
Que tengo nada
Que estoy vacío
Más vacío que vacío
Menos que nada
Nothing
Zip
La mente verá eso como terrible
El Real Yo lo ve como Sí Mismo

Sin Dudas

Sin pregunta alguna
Camino
Como un rey que heredó la totalidad de la existencia y más
Vivo

No hay duda en mi sistema
Cero cinismos
Yo Soy el que Soy
Nada puede sacudir esto
Nada puede tocar esto

Solo
Vivo
En amor

Hueco
Vacío
Lleno

Sin apenas una duda
Sin apenas una pregunta
Sin apenas un pensamiento
Absolutamente quieto

YO SOY

Readmisión #5,000

Escucho las campanas del cielo sonar
Veo a mi tocayo San Pedro
Hola Dios, ¿qué tal?
Mi bromista predilecto

Carcajadas en cada esquina
¡Cuántos dientes!
Una flor aquí
Una cascada allá

Viene Gabriel y me dice
¡Hola!
Y yo le digo
¿Qué lo qué, tocayo?

Todo está pasando aquí
Ahora mismo
Aquí mismo
¡Ay ya! ¿Pa' qué seguir ignorando al cielo?

Memoria En Mi Mente Dios

Recuerdo cuando inventé las montañas
Diciendo hágase la luz
Recuerdo como todo comenzó
Y la alegría

Recuerdo haber creado la pasión
Y la capacidad de experimentar experiencias
Recuerdo haber estado separado
Y haber visto desde un punto singular

Ahora lo veo todo
Soy todo

Recuerdo haber escrito la novela
Haber creado la historia
Una historia enorme
Una historia épica

Pero ahora de verdad recuerdo
Y todo es una fantasía

Alzhéimer

Me sigo olvidando de lo que quiero escribir
Pero tiene que ver con el cielo
¡Oh! ¡Ya recuerdo!
No volveré a entrar a más sueños
Ni siquiera me gustan
Estoy harto de soñar
Es tan aburrido y pesado
Asco
Quiero la Verdad
La Realidad
El Cielo
Qué rico

Formas

Ninguna cosa puede traer felicidad
Ninguna cosa puede ser tu posesión
Ninguna cosa permanece
Ninguna cosa es importante
Ninguna cosa es real

Las cosas quieren cosas
Las cosas usan cosas para fingir que son dueñas de cosas
Las cosas usan cosas para fingir que duran
Las cosas usan cosas para fingir que son importantes
Las cosas usan cosas para fingir que son reales

Los pensamientos son cosas
No hay cosa real

La vida no es una cosa
La felicidad está en la nada

Sin Tribu

Sin tribu me quedo
Sin tribu yo juego
Sin tribu yo vuelo

No hay cacique
No hay autoridad
No hay manual
No hay lugar

El reino en el que bailo
No es de este mundo
Soy Cristo
Soy Buda
Soy mi perro

Los juegos de tribu
Son lindos
Los juegos de tribu
Me entretienen
Pero fuera estoy
Y fuera me quedo
Estoy en casa
Antes, durante y después del juego

La soledad es un ave
Un ave multicolor
Que por fin tiene alas para volar
Libre
Independiente

En gozo, en paz, en el cielo

En la gloria no hay tribus
En la gloria no hay gente
La gloria no es nada más que un vientre
El vientre que es mi hogar
El vientre que es tu hogar
Si lo quieres
Venlo a buscar

Cuarto Menguante: Alquimia

Idiota Feliz Confundido

El viaje espiritual
Ha obliterado mi sentido de saber
Ya no le presto atención a mi cabeza
Todo lo que está ahí arriba es bazofia

No sé a quién escuchar
Hacia dónde ir
O qué hacer
Estoy estupefacto

No sé quién soy
Lo que quiero
O lo que necesito

Estoy fingiendo ser feliz
Confundido
Y más que todo
Un idiota

Confesión Suave y Clara

Te puedo contar mi celebración más escandalosa
Mis gritos de felicidad más estridentes
Puedo hacer ruido bien fuerte

Pero una confesión suave y clara me asusta
Y me pone tenso
Me siento un poco tímido para esas

Puedo ser bocón
Pero de una boca suave, no estoy muy seguro
Las capas de protección se erigen
Y lo más que hago es atascarme

Este ha sido mi cuento
El cuento que me ha fascinado más
Pero ya es suficiente
Y ahora te puedo susurrar
Mi confesión suave y clara

La Que Se Le Escapó Al Idiota

La vendí por dinero y reconocimiento
Los oídos de mi corazón se cerraron
Que idiota he sido
Pensando que la fama significaba grandeza

No respeté sus miedos
Proyecté toda mi basura en ella
Mi reina, mi verdadera bella
Qué bestia he sido

Envuelta en un vestido
En una imagen congelada la vi
Y escuché nuestra canción
Sal y sangre asaltaron a mis ojos
Y un colapso amargo comenzó

Mi calabaza
Mi Dusty
Mi baile

Solo me siento
Sin ella
Con mi dinero y mi reconocimiento

Cuidado con lo que deseas
Es todo lo que puedo decir

Escombros De Un Sueño Dañado

Un sueño que orientaba mi existencia se rompió
Claro, encima de otro sueño
Después un no-sueño vino y lo dañó todo

Hay algo que no está soñando
Porque no necesita hacerlo
Eso que sueña tiene que soñar

El soñador despierta
Y todo lo que queda es lucidez
Despertar
La realidad desnuda

Y no es para nada mejor

Todo Excepto Yo

Las paredes son más sabias que yo
Mis tenis también
También mi piso
Y sin duda que mi perro también

Los árboles están mucho más despiertos y conscientes que yo
El viento se sabe el secreto
Yo pretendo saber algo
Y la única verdad es que yo no sé nada

Mi desodorante sabe todo sobre la paz
Mis medias se saben todo sobre la libertad
El agua que tomo está iluminada
Yo soy el único que se ha quedado atrás

Ya no escucho a las personas
No saben de lo que hablan
Pero el aire que respiro se ríe y lo entiende todo
Entonces prefiero respirar hacia adentro y hacia afuera
Antes de escuchar a otra persona

Tributo A Mi Profesor

El santo que me enseñó amor
Reunió toda su paciencia
Y me dio una mirada suave y honesta
Que transformó mi eternidad

Aquel que no jugó los juegos de por encima o por debajo de
Porque el simplemente sabe quién es
Aquel quien de hecho es quien él es
Sólo me mira a los ojos y sonríe
Y me muestra un reflejo de mí mismo

Aquel que no intenta
Pero simplemente es

Él es el verdadero santo y salvador
El deseo y anhelo real de mi corazón

Aquel que no quiere nada de mí
Que no quiere nada de sí mismo
Aquel quien simplemente es

Es el mejor profesor de todos
Y no necesita hacer nada más
Que simplemente ser

Sin Poderes

Ya no tengo mis poderes más
No me puedo sentir ni bien ni mal en cuanto a mí mismo
No hay un yo mismo ya
No tengo opiniones
No sé nada
No confío en nada
No creo nada
No pienso nada
Estoy sanado
Sano
Libre
Sin poderes
Por fin

Gemido Bebé

Sólo quiero ser escuchado
Entendido
Amado
Estado de acuerdo con
Confortado
¿Por qué nadie me lo da?
¿Dónde está?

Mi Antigua y Moderna Diosa

Fuiste inocente
Estabas perdida
Tu ausencia fue un hábito
Que no pudiste romper

Te quedaste temblando
Buscaste alivio
No pudiste encarnar tu poder

Tiene sentido
Ha tomado años
Pero he logrado entenderte

Estoy dolido
El corazón me hinca
Pero es mi misión
Para esto nací

Te entiendo
A ti, y a todos
Los libero de mi juicio absurdo

Soy un hombre
Ya por fin
No duré mucho
Me felicito

La inconsciencia me quema

Me enciende en llamas
Me da rabia
Me entristece

El calor se torna frío
Mi cabeza descansa
La tormenta se apaga

Tengo el significado del perdón en mis manos

Ha tomado tanto
Pero lo he logrado
Me muero por verte
Y darte un abrazo
Y eso haré

Poder

El poder que he añorado
Siempre ha estado adentro
Atrapado en una ilusión
Confundido dentro de un sueño

Yo soy todo lo que he querido
Yo soy exactamente eso
Yo soy belleza, gracia y poder

Yo soy amor y compasión
Yo soy canto y danza
Yo soy todo y nada

Estoy anonadado conmigo mismo
No puedo creer que soy tanto
Soy infinito y eterno

Soy presencia
Soy divinidad
Soy increíble, maravilloso y espectacular

Mi belleza no puede ser sobrepasada
Estoy enamorado de mí
De cada célula, cada neurona, cada pensamiento

Soy bondad
Soy verdad, soy real
Soy tú y soy yo

Soy nada
Soy todo
Soy para siempre

Enfrentado Demonios Internos

Estoy enfrentando mis demonios
Hasta parece contraintuitivo
Se siente incómodo
Ahora entiendo porque nadie hace esto voluntariamente
Se siente horrible
Bueno, eso es relativo, ese es el sentimiento
¿Quién quiere descubrir los demonios internos?
Como descubrir lo destructivo que eres
Y lo arrogante
Como literalmente piensas que te lo sabes todo
Esto no es para débiles
Esto es real
Es áspero
Es literalmente estar enfrentando los verdaderos demonios
No es divertido al inicio
Pero se está poniendo un poco divertido y excitante para mí
Aunque es bien tenebroso
¡Estoy listo!

A Diario Me Muero

A diario me muero
Pedazo por pedazo
Poco a poco
Todo se está yendo a la Unidad

Las ilusiones de la separación
Están siendo descubiertas más y más
¿Qué sentido hay en morir?
¿Qué sentido hay en lo que sea?
Todavía no
Todavía no

Yo soy el Uno
Tú eres el Uno
¿Qué lo nubla?
Las nubes no se tienen que ir
Pero un ver más allá de, ocurre
Y oblitera el sentido de las nubes

Todo está ahí
Pero todo está vacío

Todo es Uno
Esto es más allá de la idea
Este es el sentido encarnado
Esta es la realización que va más allá del
pensamiento y las emociones
Es verdadero saber
Es Dios

Amor Real

El amor real rompe todas las ideas
Derrite todas las preguntas
Oblitera toda duda
Te levanta en la madrugada y te inspira a crear
Te libera completamente
Libera los pensamientos
Abre los portones
Es simple, claro y silente
Es apasionadamente activo y creativo
Es la energía que mueve a la existencia
Es todo lo que ves, todo lo que eres

Permite

Permítete ser amado
Permítete ser tocado
Permítete ser escuchado
Permítete estar donde estás

El poder para esto liberar es inmenso
¿Quieres ser liberado?
¿O prefieres quedarte en tu caparazón?

Tú eres el gurú
Cuando te permites ser encontrado
Cuando te permites ser libre
El crédito es tuyo
Déjate ir

Sin Ti

Vales tanto
Sin ti mi definición no estuviera definida
Sin ti no supiera quien soy en el pueblo
Me inspiras y descubres

Te aprecio
Mi mejor estrategia y técnica ha sido tu voz
Sin ti nunca hubiese descubierto mi coraza
Me siento endeudado por siempre

Eres oro
Sanaste mis heridas, me diste un espejo
Tu no saber es lo máximo, te amo más
Vales tanto, tanto

Sin ti florezco y crezco
Me nutro y vivo
Me entiendo y sé
Sin ti

EPD

Entre las lágrimas de este hombre exhausto
Relajando mi cuello y dejando caer mi cabeza sobre la almohada
Hago un recorrido de mi historia
Antes de retirarme
Lo veo todo con tanta claridad

La fuerza que este ariano ha tenido
Me asusta hasta a mí mismo
Esta entrega tan humilde me asombra

Nunca pensé que llegaría a relajarme tanto
Nunca pensé que iba a soltar mi cabeza
Pero cerrando mis ojos me perdono
Por no haber visto bien

Soy libre
Y quiero compartir quien soy contigo
Para que sientas este lado silencioso
Donde abunda la paz del alma
Y la presencia de Dios

Cómo

Cómo dejar adentro
Lo que ya está afuera
Cuando cada ángulo de mi corazón
Irradia todo por ti

Te respiro cada segundo
Y vivo contigo dentro
Me gustan hasta tus pantalones en la gaveta
El sonido de tu ausencia

Si el saber que te voy a ver me revive
Hasta cuando tengo mucho sueño

Cómo esconder este poema
Si es lo que soy siempre

Que nunca más se cierre mi corazón
Y que siempre sepa pedir perdón
Y decir te amo
Con más que mi boca

Sin Título

Que torpe fui
Al no reconocer
Que no quería perderte
¿Cuántas canciones después de esta te escribiré?
Si la verdad no usa palabras
¿Entonces como sabré?
Yo sabré

Los besos, abrazos y toques
Las risas, las aguas y el brote

Cuanto reboso, cuanto reposo
Si pudiera coger estas palabras
Decir que son mías, envolverlas y guardarlas
Pero hay que ser sincero que ese miedo queda
Queda para mantener una figura, una figura que
baila, una figura que juega, una figura que coincide
con lo de adentro

Honestidad es lo que entiendo
Ya no le temo al dragón
Sólo aprecio el don
Y la dama de la vida

Qué Bueno Es

Qué bueno es saborear el otro lado
Sentir que el círculo se está cerrando
Ver como los humanos vamos luchando

Qué bueno es tenerse a uno mismo
Saber perdonarse
Sentir el realismo

Qué bueno es dejar de juzgar
Librarse de todo
Vivir sin dudar

Qué bueno es confiar en la vida
Tener par de amigos
Que saben amar

Qué bueno es aprender a aceptar
Fluir con la brisa
Saber perdonar

Qué bueno es sentirse bien vivo
Crear una historia
Vivir para amar

Qué bueno es moverse hacia arriba
Entender los principios
Dejar de buscar

Qué bueno es saber lo que es bueno

Sentir todo el tiempo
Soltar y volar

Última De Mis Oraciones

Estoy aterrorizado de mí mismo
Aterrorizado de ser humano
Aterrorizado de ser un actor
No soy ninguna de estas cosas
Y no hay razón por qué temerle
¿Cuál es el problema?
¿De dónde viene todo este miedo?
Es inmenso, enorme, despótico
No quiero entrar en roles
Tengo miedo de quedarme atascado y apegado a ellos
No quiero que suceda
Dios dame fuerzas para ser débil
Estoy cansado de esconderme, de fingir
Ya no puedo seguir siendo valiente más
No sé cómo hacerlo
Dios dame fuerzas
Dios dame lo que necesito para ser
Estoy hastiado de mí mismo
Estoy tan harto como se pueda estar
Me desprendo de cielo, me desprendo del infierno
Lo entrego todo
Aunque mi gurú me dijo que no se trata de eso
¿Qué hago?
¿Hacia dónde voy?
¿Qué soy yo?

Sin Temor

Cuando era pequeño
Le temía a las luciérnagas
Los adultos me decían que eran muertos
Luego crecí
Me di cuenta que este mundo estaba lleno de
mentiras y de dudas

Cuando estaba en la escuela
Mis amigos me adoraban, me decían que era lindo
e inteligente
Luego crecí
Me di cuenta que este mundo estaba lleno de
verdades y seguridad

El baile
Entre la mentira y la verdad
Confundió a mi gran cabeza
Me perdí y me encontré
Millones de veces

Las limitaciones no me asustan
Venceré todos mis miedos y mis dudas
Y llegaré a ser quien soy
Sin temor

Cuando era bien pequeño
Le temía a las hormigas y a los duendes
Evitaba territorios desconocidos
Ya que he crecido

He notado que mis miedos no se valen

Sin temor
Conquistaré una gran montaña
Alcanzaré lo que he buscado
Y tocaré el rostro de Dios

Sin temor
Expandiré mis horizontes
Aprenderé a ser feliz
Sin cuestionar

Las limitaciones no me asustan
Venceré todos mis miedos y mis dudas
Y llegaré a ser quien soy
Sin temor

Sin temor
Me he perdido y encontrado
Millones de veces

Vuela Niño Hermoso

Vuela ojos grandes, cabezón, curioso
Pregunta, cuestiona y vuélvete loco vez tras vez
Sueña, despierta, ríe y llora cíclicamente
Se quién eres joya bella

Acepta tu tristeza y tu dolor
Permite tu alegría y tus sentidos refinados
Sé sensible y no seas fuerte más
Déjate ser quien eres
Así como lo hago Yo

Eres bello, tierno y bueno
Sincero, puro y real
Eres loco, errático y duro
Torpe, brusco y falso

Déjate ser
Eres completo
Eres luz y sombra
Mortal e inmortal

Acepta tu cuerpo, acepta tu mente
Perdona tu vida y déjala ser
Eres multicolor, una bella flor
Una mariposa y puro amor

Sigue dulce
Sigue en paz
Sigue buscando

No te quedes atrás

Aprende a diario
Sigue hermosamente curioso
Sigue buscando
Continúa dudando

Eres bello
Eres famoso
Eres libre
Sublimemente frondoso

Estrellita bella
Que tanto brilla
No te presiones
Pero sigue en pie

Eres amado
Eres querido
Eres un sueño
Que has vivido

Vive y disfruta
Sonríe y pregunta
Sigue siendo tú
Y nunca cambies

Danza Del Fin

Estoy en mis últimas líneas
En mis últimos hechos
Estoy bailando con la muerte
Me está consumiendo
Me estoy destruyendo a mí mismo
A toda costa
Nada quedará
Excepto lo que es
Estoy bailando la danza hasta el fin
Estoy quemando todo de mí
Es irracional
Pero me quiere
Así que me entregaré
Por amor

Extinción

El fuego del enojo se apaga dentro de mí
No puedo negar que me asusta mucho
No me conozco sin mi bolsa de ira
Cuando se apaga por un rato me asusto

Me pregunto qué me motivará a seguir adelante
Antes usaba mi rabia contra lo que no me parecía bien hecho
Ahora que el fuego se apaga me motivará el amor
El amor a hacer lo que me parece bien hecho

Estoy asustado
Le temo a lo desconocido
Quiero que mi vida marche como quiero
Quiero conservar lo que me gusta

Entiendo que no tengo control
Me asusto mucho
No voy a negarlo
Quiero estar bien

Y por suerte lo estoy
Entregaré mi bolsa de piques
Dios me purificará
Y me convertiré en su instrumento

Y obraré para Dios
Y el niño y el adolescente rebelde dentro de mí
Ya no me controlarán

Daddy

Día uno eras Dios
Día dos eras un tonto
Día tres eras un imbécil
Hoy eres un hombre

Día uno yo era un niño
Día dos yo era un adolescente
Día tres yo era un adulto inmaduro
Hoy soy un hombre

Te veo cómo eres
Me veo como soy
Y no paro de llorar
Y ya no me molesta

Luna Llena:
Integración

Cálido

Sería agradable
Si vinieras
Y compartieras conmigo por un rato
Aquí afuera
Donde no hay nada

Puedes regresar cuando quieras
Pero sería agradable
Si perdieras el miedo de suspenderte libremente
En el medio de la nada

Es un lugar adentro
Donde no hay reglas
No hay "deberías de"
No hay peros o cuandos

Sólo nada
No la nada que te imaginas
La nada que no te puedes imaginar

Sería agradable el encontrarte aquí
Donde no hay diferencia entre tú y yo
Sería muy agradable

Chacras Abiertas

Mi primera chacra ha hablado
Me ha dicho quién eres
Me ha hablado de tu caos
Me ha informado de tus guerras

La verdad siempre es simple
Tiene el poder de liberarte
Y es la disposición a ser simple
Que emprende tus alas

Siempre ha sido tan simple
Tan embarazosamente simple
Pero la complejidad te ha seducido
Por bastantes vidas

¿Están tus chacras abiertas?
Esta vez
Para que dejes que la humildad te abrume por completo
O es el miedo y la rabia más grande

La ignorancia, mis hermanos, no es felicidad
La ignorancia es el infierno
Abre tus chacras y déjate aplastar por completo
Pues ese pequeño yo que lucha y finge estar a cargo
No es más que un producto de tu imaginación

Mujer Real

La Diosa de Amor
Dio Luz a cinco esquizofrénicos
Que cambian de parecer cada par de minutos
Hizo esto por nada menos que Amor Puro

Les dio caminos hacia la autorrealización
Les dio una oportunidad para experimentar
Los dolores y placeres de la vida

Los soltó justo a tiempo
La Diosa Maestra de la Autonomía
La Diosa Divina entra y sale de la locura
Y se autorrealiza cada par de minutos

Una Mujer Buena
Una Mujer Sincera
Una Mujer Real
Mi Madre

Verdadero Poder

Si estás leyendo esto
Tienes poder real
El poder de darte cuenta
De que eres lo que quieres
Ahora

Todo lo demás es mierda
Tú lo sabes
Deja de inventar excusas
Deja de hablar disparates

Si estás leyendo esto
Eres bien dichoso
Tú lo sabes
Deja de fingir que no sabes de lo que hablo

Si estás leyendo esto
Tienes miedo
Tú lo sabes
Deja de fingir que no lo tienes

El verdadero poder que eres es infinito
Tú lo sabes
No tiene límites
Te consigue exactamente lo que quieres

Tú estás cansado de jugar a la víctima
Tú lo sabes
Si necesitas mi ayuda

Estoy aquí y te puedo ayudar de verdad
Tú lo sabes

Oración de Estabilidad

Nadie nunca me va a convencer de que la vida no es sublimemente hermosa
Nadie nunca me va a convencer de que la vida no es un regalo
Nadie nunca va a sacudir mi convicción de que la vida es la máxima expresión de la gracia
Nadie nunca me hará dudar de mi poder
Nadie nunca empañará mi claridad
Nadie nunca oscurecerá mi belleza

Nadie nunca me tocará con sus disparates negativos
Nadie nunca se me acercará con sus huevadas

Las almas fragmentadas no me llevarán en sus viajes

Yo soy todo lo que siempre quiero
Y esta vida no es nada menos que fenomenal
Esta vida es todo lo que soñé y más todavía
Nadie nunca tocará esto
Pues es Quien Soy

Mi Suficiente

Por ti dejo mi egoísmo e inmadurez
Contigo necesito poco
Si te tengo qué importa la playa
Si a mi lado estás, no necesito fiestas

Si te tengo no necesito entretenimiento
Eres mi centro, mi sol
Si estás conmigo no necesito más nada
Ni masajes, ni placeres, ni viajes

Eres mi suficiente
Me llenas y conformas
Me derrites el orgullo
Me abres el corazón

A tu lado todo es extra
El silencio me basta
Contigo no necesito nada
De ti no espero nada

Si te tengo tengo todo
Y nada me hace falta
Cuando estás aquí

Paciencia

En la sociedad de gratificación instantánea
Donde un café se sirve en dos segundos
Te vas de los dedos de un joven que se cree capaz y sagaz
Presiono un botón y listo, aquí está el poema

Ya no hay casas ancladas en piedra
Ahora usamos cartón
Los edificios están construidos en arena movediza
No hay ni que pararse del sillón

En vez de caldo nutritivo
Tomamos antibióticos baratos
No hay tiempo para estar enfermo
Hay que darse muy, muy rápido

En la calle te tropiezan
No hay tiempo para lidiar contigo
¡Todo es boom, boom, boom!
Aquí y así

Paciencia
Vuelve a mis células
Entra en mi espacio
Sé que lo veloz no dura
Necesito de tu abrazo

Paciencia
Sé que estás adentro

Ya no te temo
Toma el mando
Hazte cargo
Confío en ti
Sé que todo llegará a su tiempo

Me Basta

Así con sus supuestos defectos y problemas eternos
Me basta el mundo
Aunque tenga que andar con miedo y cuidado
Me basta y me gusta

Así con su ignorancia, limitaciones y pendejadas
Me basta
Que sí hay un Dios o no
Qué importa

La espiritualidad y la religiosidad no me
conciernen
Pues no las necesito
Que si hay más vidas
Que si hay brujería
Gran cosa

Pues me basta hacerme un taza de té
Tomarme un café
Tomar un poco de sol
Quejarme de un maldito frío insoportable

Pues todo me sobra
Aunque tenga miedo de no poder pagar la renta a
tiempo
Aunque tal vez termine en el infierno
Me importa un bledo

Si siento mi sangre fluir cada segundo

Si siento mi amor y mi vida irradiar hacia afuera
Me importa cero lo que nos concierne a los mortales
Que si debo de estar solo o acompañado
Que si mi relación sirve o no
Que si soy buena o mala persona
Que si soy arrogante o no
Me importa cero

Estar gordo, estar flaco
Estar feo, estar lindo
Me da igual
Soy rey de mi montaña
Maestro de mi sol

Estoy lleno de vida y no pregunto más
Me basta quien soy
Me basta quien eres
Me basta todo

La vida me basta
Y punto

Abundancia Natural

Estás lleno de sangre
De latidos que regulan su flujo
Estás lleno de átomos
De células que saben justamente que hacer

Y si te da cáncer
Te quedan tus ojos que ven
Y si pierdes una pierna
Te quedan tus manos

Tu pelo vive creciendo
Y si eres calvo
Tus pulmones siguen intercambiando oxígeno
Eres tan rico

No puedes perder
Tienes un alma
Una personalidad
Un ritmo

Tienes tanto
Y lo sabes
Te distraes
Pero te queda la tele

Siempre hay algo tuyo
Cuando pierdes esto
Te queda aquello
Y mucho más de ahí

Estás libre
Piensas como gustas
Y si no
Piensas como otro

Vives
Andas
Gozas
Ríes

Lloras
Comes
Duermes
Tanta abundancia natural

¿Quién sería sin Mí?

Sin el silencio sabio de mi alma
¿Quién sería yo?
Sin la voz imparcial de la conciencia pura
¿Qué sería de mí?

Un conformista nunca pude ser
Mi voz interna habla muy fuerte
Única y auténtica
Sólo la voz de mi corazón

La luz que soy crece
Cada vez que la escucho
No busco nada
Porque nada me falta

Eso sabe mi voz

Sin mi voz tendría que depender de voces ajenas
Tendría que usar canciones y sentimientos de otros
Tendría que depender de consejos de seres que probablemente fracasaron

Nadie sabe más que yo a qué vine
Nadie sabe más que yo lo que quiero
Nadie sabe más que yo quien soy
Ni mi madre, ni mi padre se acercan a mi esencia propia

Nadie más que yo me sabe decir exactamente lo

que necesito escuchar
Nadie está más iluminado para mi propia vida que yo mismo

Lo mismo te aplica a ti
Si tienes el valor para enterarte

Los niños necesitan autoridades
Los adultos no

Libérate y escribe tus propias canciones
No cojas sentimientos prestados
Crea tu propia vida
No uses a otros para creártela

Crea tu propia religión
Así como lo hicieron los grandes
Crea tu propio género
Tu propio libro

Deja ya de coger prestado
Y vive tu vida desde tú corazón

Después de todo...
¿Quién serías sin ti?
...Absolutamente nadie

Todo Ha Vuelto A Mí

Recuerdo haberlo tenido todo
Adentro
Completo, sencillo, lleno, feliz

Recuerdo haberlo perdido todo
Todo afuera
Fragmentado, complicado, vacío, triste

Recuerdo haberme dado cuenta
Cuenta de lo que había sucedido
Se me fue el espíritu, el alma gradualmente

Recuerdo haber entrado en un viaje
Un viaje para recuperar mi esencia gradualmente
Tomó años
Me equivoqué mil veces
Concluí que ya estaba lleno
Pero no era cierto

Ya es cierto
No puedo fingir más
Todo ha vuelto a mi

Soy feliz de nuevo
Estoy lleno
Y sigo bailando

Soy

Soy un bebé inocente
Quien no sabe nada
Soy un niño curioso
Quien quiere descubrirlo todo

Soy un adolescente deprimido
Buscando la salida
Soy un joven perdido
Buscando la entrada

Soy una fiera sexual
Adicto a la carne y la pasión física
Soy un alma emergente
Que se liga con lo desconocido

Soy un adulto incompleto
Que entiende que no hay salida
Soy un anciano sabio
Quien lo sabe todo y está en paz

Quemo con facilidad
Sin dejar cenizas
Ando sin dejar huellas
Vivo sin miedo

Soy todo y soy nada

El Regalo Viene

Por ustedes me abriré
Liberaré mi voz desnuda
Desataré lo que sentimos
Vibraremos juntos

Por Dios
Emprenderé el camino
Hablaré tu idioma
Bailaré y lloraré

El regalo viene
Lo traeré a cualquier precio
Me fijaré en nuestra pasión
De soltar nuestras voces

Al espacio lanzaré mi corazón
Para que resuene con el de ustedes
Encenderé el aire
Los haré vibrar

Por mí y por mí solamente
Porque me gusta cantar
Me gusta sentir
Y me gusta el movimiento

Verán que no están solos
Que no son los únicos
Es el fin de mi egocentrismo
Le diré que sí a Dios

Hasta que el regalo llegue.

Claridad

Nada me puede empujar
Nada me puede halar
Nada me puede mover
Estoy quieto

Todo me empuja
Todo me hala
Todo me mueve
Estoy en movimiento

El flujo está aquí por siempre
Nada se pega
No hay resistencia
Estoy libre

Soy el río furioso emergiendo del manantial tranquilo
Muriendo en el manantial tranquilo
Yo soy claridad

No soy bueno
No soy malo
Simplemente soy

Encarnado

Sin necesidades
Sin deseos
Completamente satisfecho
Por mí mismo
Totalmente solo
¿Quién quiere esto?
Esto da miedo
Esto es verdad
Esto es todo

¿Pero después qué?
¡Oh!, nada
Sólo todo
Por la primera vez
De nuevo

Soy suficiente
Mierda
Esto es estúpido
Esto es absurdo
Tanto buscar y buscar
Por más y más afuera
Es una locura
Yo soy todo
Yo soy eso
Relajación
Más allá de la definición
Nirvana
Moksha

Libertad
Liberación
Iluminación
Todo

¿Me estás bromeando?
¿Esto es todo?
Vaya, esto es obvio

Amanecer: Nirvana

El Regalo Que Me Doy

El silencio que llena mis huesos me hace temblar de vida. Estoy vibrando velozmente. El control me sabe a veneno. Confío en todo. Ya no existo y existo por primera vez. Nada es importante, por eso todo importa. No sé qué ni quien escribe, pero se siente exquisito. Estoy completamente aquí, presente, ahora. He ansiado tanto por este momento y aquí está. Estoy libre de todo por siempre. Nunca regresaré hacia atrás. Vencí las creencias, soy natural. Fluyo con libertad y armonía. Nada me detiene, sé que asustaré a muchos, pero no veo a través de los filtros sociales y nunca lo haré. Muchos me verán como loco y pocos comprenderán. Lo acepto todo, me siento libre y encontré la paz. Nada me ata, nada me asusta, nada me mueve. Encontré a mi corazón, encontré mi esencia, encontré el vacío lleno y vibrante que tanto busqué.

En la misma habitación donde mi alma cantaba a gritos, con la misma soledad, independencia y autonomía – encontré lo que no soy. ¡Y ahora soy lo que soy!

¡Soy la libertad misma!

La Luz De Adentro

La Luz De Adentro sabe
No teme
Es abierta, amorosa, cálida y partícipe
Está presente
Es poderosa
Es perfecta
Divina
Informa a la vida
Informa al corazón
Informa a la mente
Es la Luz de Dios
Y es lo que tú eres

El Llamado Más Profundo

El deseo más profundo
De la naturaleza olvidada
Es recordarse a sí misma
Y encontrar el reino libre de opciones

Lo que todos buscamos es el no tener opción
No tener otra opción más que ser
Las opciones son el peso de los pesos
Cero opciones
Sólo esto

Esa es la luz de tu ser
Eso es quien eres
Realízalo
Ahora

4,3,2,1

Cuando el tiempo deja de existir
Se cae el velo, estás aquí
En el acto simple de observar
Desapareces y sientes más

Los milagros que tanto buscaste
En un boom se revelan
No existe límite, no existe regla

Nada y todo tiene sentido
Encuentras el camino

Queda una línea

Nirvanadora

La señorita polifacética
Se perfuma ligeramente
Guarda silencio
Y sonríe

¿Qué sucede ahora?
Es su única curiosidad
Tiende a confundir a los seres complejos

Mi amiga del alma
Mi psiquiatra perfecta

Paradoja silenciosa
Dama poderosa
Precisa

Me lleva al cero más lleno
A la felicidad
Soy ella

Se Fue Y Llegó

Se fue el pasado yo falso
Se fue el adolescente miope del centro
Se fue el niño desinformado de la base de control

Llegó el espíritu
Llegó nirvana

Se fue el caliente muy caliente
El frío muy frío
Se fue el extremista del centro
Llegó el humano

www.ingramcontent.com/pod-product-compliance
Lightning Source LLC
Chambersburg PA
CBHW060804050426
42449CB00008B/1531